De veras, ¡Cenicienta es bien pesada!

El cuento de CENICIENTA contado por LA MADRASTRA MALVADA

por Trisha Speed Shaskan ilustrado por Gerald Guerlais

PICTURE WINDOW BOOKS
a capstone imprint

Un agradecimiento especial a nuestra asesora, Terry Fleherty, PhD, profesora de inglés, Universidad Estatal de Minnesota, Mankato, por su sabiduría.

Editora: Jill Kalz
Diseñadora: Lori Bye
Director de arte: Nathan Gassman
Especialista en producción: Sarah Bennett
Las ilustraciones de este libro se crearon digitalmente.
Translated into the Spanish language by Aparicio Publishing

Picture Window Books
1710 Roe Crest Drive
North Mankato, MN 56003
www.capstonepub.com

Derechos de autor © 2020 por Picture Window Books, una huella de Capstone. Todos los derechos reservados. Esta publicación no puede reproducirse en su totalidad ni en parte, ni almacenarse en un sistema de recuperación, ni transmitirse en ninguna forma ni por ningún medio, ya sea electrónico, mecánico, de fotocopiado, grabación u otro, sin permiso escrito del editor.

Datos de catalogación en publicación de la Biblioteca del Congreso
ISBN 978-1-5158-4652-9 (hardcover)
ISBN 978-1-5158-6090-7 (paperback)

Seguramente has oído hablar de mí.
La madrastra ¿malvada? Eso no es verdad.
Es otra de las fantasías de Cenicienta,
aunque no tan absurda como la de la calabaza
o la del hada madrina. La historia *real*,
la *verdadera* historia empezó después
de una pequeña conversación… y un poco
de polvo.

Yo solo quería un esposo y una mansión. Antes de casarme con el papá de Cindy, mis adorables hijas y yo solo habíamos visto a Cindy un par de veces. Entonces nos había *parecido* una persona normal.

Cuando me casé con el papá de Cindy, mis adorables hijas y yo nos mudamos a su casa. En cuanto atravesé la puerta, mi querido esposo me dio un beso y me dijo: —¡Me voy de viaje de negocios!

—Viaja mucho —dijo Cindy—, pero los animales se portan bien. Hablan, cuentan chistes, cantan y también ayudan, sobre todo los azulejos.

A mí los cuentos no me molestan, pero prefiero los hechos, no la ficción. Muy pronto, la chica empezó a decir un montón de tonterías.

—Un día, uno de los azulejos se puso azul —dijo Cindy—. No del color azul, sino azul de tristeza. Su amigo se había ido volando al sur…

Mis adorables hijas y yo estábamos en la puerta principal. Yo solo quería deshacer las maletas. Y entonces lo vi: polvo.

—Querida, ¿está así de sucia toda la casa? —pregunté.

—No lo sé —dijo Cindy—. ¡Voy a mostrársela!

7

Cindy nos contó cuentos en el comedor.

Cindy nos contó cuentos en el estudio.

Sin parar.

—Niñas —dije—, es hora de ponerse a trabajar. Tenemos que limpiar este sitio.

—Había una vez, cuando estaba limpiando…
—empezó a decir Cindy.

Ay, no.

Cindy barrió el suelo. ¡Y terminó enseguida! Mis adorables hijas apenas habían empezado.

—¿Sabían que los petirrojos y los gorriones son mis amigos? —dijo—. Pero a los gorriones no les gustan los petirrojos. ¡Qué tontos! Una vez, uno de los petirrojos…

—Cindy, querida —dije—, ¿por qué no vas a lavar la ropa?

¡Cindy la lavó enseguida! ¿Cómo podía hacerlo tan rápido? Tenía que darle más tareas para mantenerla ocupada.

—A las ardillas les encanta lavar la ropa —dijo Cindy—. Sin embargo, a las ratas les gusta más planchar. Un día…

—¿Las ratas y las ardillas lavan la ropa? ¡Deja de decir tonterías! —dije.

Pasó el tiempo y todo seguía igual.

Cindy contaba cuentos en el jardín.

Cindy contaba cuentos en la cocina.

A la hora de cenar, hablaba tanto que ni siquiera podía oír mis pensamientos.
—Querida, por favor —dije—.

¡DEJA DE HABLAR!

Pero Cindy no dejó de hablar.

Un día, llegó una carta. Era una invitación al baile del rey. Seguro que el príncipe se enamoraría de una de mis adorables hijas. Se casarían, vivirían en un hermoso castillo y un día, ¡serían los reyes del lugar!

—Oh, madrastra, ¡yo también quiero ir! —dijo Cindy—. Un día, una niña y un príncipe…

Y entonces, así, de repente, Cindy se quedó sin voz. ¡Imagínate! Seguro que fue por contar tantos cuentos.

¿Qué otra cosa podía hacer? Le dije a Cindy que tenía que quedarse en casa y cuidar su salud. Ella lloró, por supuesto. Pero un baile no es un lugar para una chica enferma. Tenía que reposar.

A veces es difícil ser una buena madrastra.

En el baile, mis hijas bailaban y daban vueltas.

Pero, de pronto, llegó una chica muy rara. Tenía un vestido maravilloso. Yo no podía dejar de mirarlo. Me pregunté cuánto me cobraría mi modista por hacerme uno igual.

El príncipe y la chica bailaron y dieron vueltas. Mis pobres hijas adorables se habían quedado sin príncipe.

Unos días después, el príncipe envió un comunicado. Habían encontrado un zapato de cristal en el castillo. El príncipe se casaría con la chica a la que le cupiera el zapato. ¡Era nuestra gran oportunidad!

Después de visitar todas las mansiones del vecindario, el mayordomo del príncipe llamó a nuestra puerta.

—¡Yo! ¡Yo! —dijo una de mis adorables hijas.

—¡No, yo! ¡Yo! —dijo la otra.

—Primero una y después la otra
—dijo el mayordomo.

Se probaron el zapato, pero no les cabía.

Entonces Cindy susurró:
—¿Me lo puedo probar yo, por favor?

¡A ella sí le cabía! Cindy sacó el otro zapato de su bolsillo.

—¿Quéééééé? —gritaron mis adorables hijas.

Cindy volvió a susurrar. Dijo algo sobre el "conductor de una calabaza" y unos "ratones que se habían convertido en caballos". También mencionó a un "hada madrina". ¡Cuántas tonterías!

Pero yo seguía sin saber de dónde había sacado ese zapato…

Unos días después, el príncipe se casó con Cindy.
Pobre hombre. No tenía ni idea de lo que le esperaba.
¡Pero vivieron felices para siempre!

Piensa

Lee la versión clásica de la *Cenicienta*. Ahora piensa en la versión de la madrastra. Haz una lista de algunas cosas que pasaron en la versión clásica que no ocurrieron en la versión de la madrastra. Después, haz una lista de algunas cosas que pasaron en la versión de la madrastra que no ocurrieron en la versión clásica. ¿En qué se diferencian las dos versiones?

Casi todas las versiones de *Cenicienta* suelen estar contadas desde el punto de vista de un narrador invisible. Pero esta versión está contada desde el punto de vista de la madrastra. ¿Qué punto de vista crees que es más verdadero? ¿Por qué?

Si pudieras ser uno de los personajes de esta versión de *Cenicienta*, ¿cuál serías y por qué? ¿La madrastra o una de sus hijas? ¿Cenicienta? ¿El príncipe?

¿Cómo cambian los cuentos de hadas cuando se cuentan desde otro punto de vista? Por ejemplo, ¿cómo cambiaría el cuento de *Hansel y Gretel* si lo contara la bruja? ¿Cómo cambiaría el cuento de *Ricitos de Oro y los tres osos* si lo contará el bebé oso? Escribe tu propia versión de un cuento clásico desde otro punto de vista.

Glosario

narrador—persona que cuenta el cuento

personaje—persona, animal o criatura de un cuento

punto de vista—una manera de ver algo

versión—algo contado desde un punto de vista determinado

Busca todos los libros de esta serie:

❧❀❧

Créeme, ¡Ricitos es genial!
Honestamente, ¡Caperucita Roja era muy vanidosa!
De veras, ¡Cenicienta es bien pesada!
En serio, ¡Juan y sus frijoles son unos horrores!